www.ingramcontent.com/pod-product-compliance
Lightning Source LLC
Chambersburg PA
CBHW020555220526
45463CB00006B/2316
* 9 7 8 1 6 5 1 4 2 4 6 5 0 *